JOSÉ
ANTONIO
PAGOLA

PASTORAL R RENOVADA

LA BIBLIA,
ESE LIBRO
DE ORACIÓN

PPC

© 2024, José Antonio Pagola
© 2024, PPC, Editorial y Distribuidora, SA
   Impresores, 2
   Parque Empresarial Prado del Espino
   28660 Boadilla del Monte (Madrid)
   ppcedit@ppc-editorial.com
   www.ppc-editorial.com

ISBN: 978-84-288-4219-8
Depósito legal: M-21250-2024
Impreso en la UE / *Printed in EU*

Introducción[1]

Cuando un creyente se acerca a la Biblia se pueden producir diferentes situaciones. Puede suceder que se encuentre con un texto que no despierta en él ningún eco. El lector quiere escuchar algún mensaje, pero el texto bíblico permanece obstinadamente mudo.

Puede encontrarse, por el contrario, con un pasaje conocido y familiar, que le repite una vez más lo que tantas veces ha escuchado. El texto bíblico no le dice nada nuevo; no es portador de mensaje renovador alguno.

Puede, tal vez, leer un texto que encierra un cierto interés para conocer el pasado del pueblo judío o la vida de los primeros cristianos, pero sin fuerza para iluminar la vida actual del creyente.

Puede, también, encontrarse con un pasaje oscuro y enigmático, cuyo sentido se le escapa totalmente. Imposible captar allí un mensaje significativo. ¿Qué hacer?

---

[1] Conferencia pronunciada en el XII Encuentro de Pastoral Orante, en Burgos, el 25 de julio de 1996.

Esta es precisamente la pregunta que nos hacemos en esta reflexión: ¿Qué actitud hemos de adoptar ante la Biblia para poder escuchar en ella la Palabra que Dios nos dirige? ¿Cuál es la "relación viva"[2] que hemos de establecer con el texto bíblico para encontrarnos con el Dios vivo que viene a nuestro encuentro? ¿Cómo puede ser la Biblia realmente "libro de oración", es decir, el libro cuya lectura despierte, alimente y haga crecer el encuentro amoroso con Dios?

Esta reflexión es necesaria y urgente si queremos escuchar la invitación insistente que el Concilio Vaticano II dirige a los cristianos, de alimentar su espiritualidad en la escucha de la Palabra de Dios en la Biblia, que es "fortaleza para la fe, alimento del alma y fuente pura y perenne de vida espiritual"[3]. Estas son sus palabras:

> "El Concilio exhorta con especial vehemencia a todos los cristianos, en particular a los religiosos, a que aprendan el sublime conocimiento de Jesucristo [cf. Flp 3,8] con la lectura frecuente de las divinas Escrituras porque «el desconocimien-

---

[2] R. MARLE, *Hermeneútica y Catequesis*, Herder, Barcelona 1973, 30-31.

[3] Constitución *Dei Verbum* sobre la divina revelación, (*DV*) 21.

to de las Escrituras es desconocimiento de Cristo»." (*DV 25*)

Esta exhortación general dirigida a todos se va luego concretando de diversas formas cuando el Concilio habla a los diferentes miembros de la Iglesia para invitarlos a cuidar su vida espiritual.

Al exhortar a los **laicos** a alimentar su propia espiritualidad seglar, se les dice así:

"Solamente con la luz de la fe y la meditación de la Palabra de Dios puede uno conocer siempre y en todo lugar a Dios «en quien vivimos, nos movemos y existimos» [Hch 17,28] y buscar su voluntad en todos los acontecimientos." [4]

Cuando el Concilio invita a los **presbíteros** a cuidar su espiritualidad, dice:

"A la luz de la fe, nutrida con la lectura divina (*lectio divina*), pueden buscar cuidadosamente los signos de la voluntad de Dios y los impulsos de su gracia en los variados acontecimientos de la vida, y hacerse con ello más dóciles cada día para su misión recibida en el Espíritu Santo." [5]

---

[4] Decreto *Apostolicam actuositatem* sobre el apostolado de los seglares, (*AA*) 4.

[5] Decreto *Presbyterorum ordinis* sobre el ministerio y la vida de los presbíteros, (*PO*) 18.

Más tarde se les recuerda que la ciencia del ministerio "se extrae, sobre todo, de la lectura y la meditación de las Sagradas Escrituras" (*PO* 19).

Al dirigirse a los **religiosos**, el Concilio les exhorta a cultivar su vida espiritual con estas palabras:

> "Los miembros de los institutos han de practicar asiduamente el espíritu de oración, e incluso la oración misma; bebiendo de las limpias fuentes de la espiritualidad cristiana. Tengan continuamente en sus manos la Sagrada Escritura para conseguir con su lectura y meditación, «el sublime conocimiento de Cristo» [Flp 3,8]."[6]

Mi reflexión pretende ayudar a leer la Biblia como una experiencia de encuentro con Dios. Daremos los siguientes pasos:

- En primer lugar, es conveniente que veamos las actitudes que se pueden adoptar ante la Biblia y los diferentes modelos de utilización de las Sagradas Escrituras.
- En segundo lugar, tomaremos conciencia clara del lugar fundamental que ha de ocu-

---

[6] Decreto *Perfectae charitatis* sobre la renovación de la vida religiosa, (*PCh*) 6.

par la Biblia en nuestra vida para reactualizar y hacer nuestra la experiencia salvadora que se da en el pueblo elegido de Israel y en Jesucristo.

■ Solo entonces podremos, en la tercera parte, entender la lectura de la Biblia como un encuentro con la Palabra viva de Dios, que se realiza bajo la acción del Espíritu y culmina en el encuentro con Cristo, Palabra encarnada del Padre.

■ Ya, en la cuarta parte expondré el método de la lectura orante de la Biblia (*lectio divina*) y sus diversos momentos.

■ Por último, ofreceré algunas sugerencias de orden práctico.

1

Luces y sombras en el acercamiento a la Biblia

La llamada del Concilio ha encontrado una respuesta muy positiva durante estos años, aunque es posible también observar graves lagunas y sombras en este acercamiento a la Biblia.

1. Luces y sombras

Sin duda es mucho lo realizado. La celebración de la liturgia en lengua vernácula ha acercado la Palabra de Dios hasta el pueblo, que puede ahora escucharla en su propia lengua; se han multiplicado las versiones de la Biblia, realizadas cada vez con más cuidado y rigor; la exégesis ha seguido desarrollando su importante trabajo de investigación y comprensión del texto bíblico; se han publicado estos años infinidad de comentarios y trabajos de divulgación bíblica; el rezo de las Horas ha iniciado a no pocos en el mundo de los salmos y la oración bíblica; ha aumentado el número de grupos bíblicos que se reúnen para leer y comentar juntos la Sagrada Escritura. Son cada vez más los cristianos que meditan el evangelio.

Sin embargo, hemos de señalar también algunas deficiencias que ensombrecen este acercamiento a la Biblia. Solo recordaré algunos aspectos:

- A pesar de que se proclama en voz alta la centralidad de la Palabra de Dios en la vida cristiana, lo cierto es que la Biblia sigue siendo para no pocos un libro importante, pero no mucho más.

  Bastantes cristianos, incluidos presbíteros y religiosos, se sienten más atraídos por la "última novedad" que acaba de publicarse sobre la vida o la espiritualidad cristiana. Hay que leerlo todo. Hay que ojear toda clase de libros, publicaciones y métodos de oración, a veces de muy poca consistencia teológica y espiritual.

  En medio de esta dispersión, la Biblia no termina de encontrar el lugar central y permanente que ha de tener en la vida de todo cristiano.

■ Por otra parte, en no pocas ocasiones, la escucha personal de la Palabra de Dios es sustituida por una lectura ideologizada de la Biblia. Se lee la Palabra de Dios de forma selectiva, escogiendo aquellos textos que mejor responden a la propia perspectiva o sensibilidad. Algunos grupos cristianos tienen el riesgo de caer en este tipo de lectura parcial y reduccionista, elaborando su propio canon dentro del Canon de las Escrituras.[7]
Por otra parte, se acude a veces de forma tan poco crítica a modelos de interpretación existencialista (R. Bultmann), política (J. Moltmann), materialista (F. Belo), psicoanalítica (E. Drewermann), etc., que la lectura se carga de intelectualismo, psicologismo o pragmatismo, pero sin que se produzca el encuentro orante con Dios.

■ Hay también quienes toman la Biblia en sus manos como un "libro de meditación" que ha sustituido a otra clase de libros ascéticos y piadosos, pero su lectura del texto sagrado

---

[7] J. A. PAGOLA, "Cómo releer el evangelio sin adulterar la fe", en AA. VV., *El hecho y la significación del pluralismo contemporáneo*, Mensajero, Bilbao 1976, 115-116.

sigue muy condicionada por un cierto tipo de voluntarismo o sentimentalismo ligado a métodos tradicionales de meditación.

Da la impresión, a veces, de que se ha cambiado de libro para hacer meditación, pero no se ha aprendido a escuchar la Palabra de Dios.

■ Otras veces, la lectura de la Biblia es un contacto espontáneo con el texto para ver qué es lo que nos sugiere. Se corre entonces el riesgo de no encontrar allí sino nuestras propias ideas y la confirmación de lo que nosotros pensamos de antemano, sin dejarnos enseñar por lo que la Biblia dice realmente. El texto se convierte en una especie de espejo en el que contemplamos nuestra propia imagen y la proyección de nuestras propias representaciones.

2. Diversas actitudes ante la Biblia

Son muy diversas las actitudes que un lector puede adoptar al tomar la Biblia en sus manos:

■ Puede leerla desde un interés meramente literario, tratando de descubrir los valores literarios y captar la belleza que se puede encerrar en sus páginas.

■ Puede adoptar, por el contrario, una actitud crítica, como hace el investigador especializado en diferentes técnicas de interpretación, cuando analiza el texto bíblico desde diversas perspectivas.

■ Se puede también leer la Biblia movido por una curiosidad histórica para interesarse únicamente por los datos que puede aportar sobre la historia de Israel o los orígenes del cristianismo.

3. Modelos de utilización de la Biblia

No todos entienden de igual modo la relación existente entre la Biblia y la vida cristiana. Por eso, no todos la utilizan de la misma forma al acercarse a ella como "fuerza para la fe, alimento del alma y fuente pura y perenne de vida espiritual", según las palabras del Concilio.

Se pueden diferenciar diversos modelos de utilización de la Biblia para la vida espiritual.[8]

---

[8] G. Zevini, "Rapporto tra Parola di Dio e spiritualità", en

Modelo moralizante o ejemplar

Se recurre a la Biblia para encontrar en las grandes figuras bíblicas (Moisés, Isaías, María, Pablo de Tarso) modelos de conducta creyente o de itinerario hacia Dios.

Es una forma de utilizar el texto sagrado, que puede tener gran valor pedagógico en la catequesis o en las homilías, pero donde todavía puede faltar el encuentro con la Palabra de Dios como acontecimiento salvador.

Modelo de depósito de la fe

Se acude a la Biblia para aprender el lenguaje religioso, el significado de los términos que se emplean en la liturgia, la vida de los personajes bíblicos o la "historia sagrada" que permite entender mejor el contexto donde se ha originado la fe cristiana.

Todo ello tiene, sin duda, su importancia, pero un acercamiento a la Biblia como "documento religioso-cultural" no es todavía un encuentro con el Dios que nos habla.

B. Secondin, T. Zecca, B. Calati, *Parola di Dio e spiritualità*, Ed. Las, Roma 1984, 19-21.

Modelo de Palabra de Dios caída de lo alto

Se acude a la Biblia para escuchar el mensaje de Dios, como si me llegara directamente del cielo sin mediación cultural alguna. Se abre cualquier página del libro sagrado y se lee un texto que se interpreta de forma absoluta como Palabra de Dios para mí, sin tener en cuenta lo que realmente ha querido decir el autor que lo escribió.

Esta forma de leer la Biblia se presta a toda clase de arbitrariedades y deformaciones pues olvida que la revelación histórica de Dios ha quedado recogida y expresada a través de un lenguaje humano concreto que es necesario interpretar correctamente para escuchar la Palabra de Dios.

Modelo de experiencia humana liberadora

Es lo opuesto al modelo anterior. Se estudia la Biblia desde una clave sociológica o política y se extraen consecuencias para dar más eficacia liberadora a la praxis cristiana de hoy.

Esta forma de leer la Biblia nos recuerda, sin duda, exigencias reales de la fe, pero corre el riesgo de instrumentalizarla, si no se escucha la Palabra de Dios en su integridad y no se capta su presencia salvífica en las Escrituras.

2

Lugar de la Biblia
en la experiencia cristiana

Como se puede observar, no parece fácil acercarse de manera adecuada a la Biblia, y, sin embargo, la Palabra de Dios está ahí, llena de vida y de fuerza salvadora. La pregunta a la que queremos responder es esta: ¿Cómo abrirnos a la Palabra de Dios hecha carne de manera definitiva e irrepetible en Jesucristo, expresada en lenguaje humano en el conjunto de la literatura bíblica, y que hoy llega hasta nosotros como acontecimiento salvador?

A mi juicio, lo primero es captar bien cuál es el verdadero lugar que ocupa la Biblia en la experiencia cristiana. La Sagrada Escritura es la gran mediación que asegura la continuidad entre la experiencia de fe vivida por el pueblo elegido de Israel, y por los discípulos de Jesús, y la experiencia que hemos de vivir los creyentes de hoy.[9]

---

[9] G. GIURISATO, *Lectio divina oggi*, Ed. Abadía de Praglia, Teolo 1996⁴, 28-29.

Esto es lo que hemos de entender bien. Antes de ser escrita, la Palabra de Dios ha sido escuchada y vivida en el interior del pueblo elegido y en el seno de las primeras comunidades cristianas; ha habido todo un proceso en el que se ha pasado de la experiencia de Dios, vivida por una comunidad creyente, a la redacción de un texto escrito que llega hoy hasta nosotros. Es necesario que se dé ahora un proceso inverso que permita a los creyentes de hoy pasar de la lectura del texto escrito de la Biblia a una experiencia de Dios como la que fue vivida en otros tiempos.

En un momento determinado de la historia de salvación, la Palabra de Dios quedó cristalizada en un texto escrito que ha llegado a través de los siglos hasta nosotros. Ahora es necesario que ese texto escrito cobre de nuevo vida, haga emerger la Palabra viva de Dios que en él se encierra, y despliegue toda su fuerza salvadora en nosotros, incorporándonos también a los creyentes de hoy a la historia de salvación.

Si no se da este encuentro con la Palabra viva de Dios, se produce una ruptura, el "hablar" de Dios no llega hasta nosotros, la Biblia queda reducida a letra muerta que no da vida.

1. De la experiencia de la Palabra de Dios al texto escrito de la Biblia

Al comienzo, y en el origen de todo, hay unos hechos que son vividos por el pueblo de Dios (salida de Egipto, deportación a Babilonia, regreso a Jerusalén), o por los que se encontraron con Jesús de Nazaret (predicación de Jesús en Galilea, crucifixión en Jerusalén, encuentros con el Resucitado).

Bajo la acción del Espíritu de Dios, estos hechos son vividos e interpretados desde la fe, celebrados en la liturgia y transmitidos a través de una tradición religiosa como Palabra de Dios que dirige la historia de salvación. Esta tradición religiosa que recoge, no la crónica fría de unos hechos del pasado, sino la experiencia de fe vivida por esa comunidad, en un momento determinado es fijada por escrito y redactada por unos creyentes (Jeremías, Ezequiel, Marcos, Lucas).[10]

---

[10] I. DE LA POTTERIE, *Parola di Dio ed esperienza spirituale all interno della Bibbia*, en B. SECONDIN, T. ZECCA, B. CALATI, o. c., 32-48.

Para nosotros, los cristianos, es de especial importancia la experiencia vivida por los hombres y mujeres que estuvieron en contacto con Jesús. Este grupo de discípulos creyeron en Jesucristo, experimentaron en él la salvación definitiva de Dios; Jesús dio a sus vidas un sentido nuevo y se convirtió para ellos en el fundamento de la esperanza última para todos los hombres. Urgidos por el Espíritu del Resucitado, comunicaron su experiencia a otros y anunciaron a Cristo como Palabra de Dios hecha carne por nuestra salvación.

Esta experiencia de fondo y este anuncio fueron fijados por escrito por algunos creyentes y han llegado hasta nosotros con el nombre de Nuevo Testamento, junto a la Biblia judía llamada ahora Antiguo Testamento.[11]

El autor de la Primera Carta de Juan nos muestra bien la perspectiva desde la que han redactado sus escritos los autores del Nuevo Testamento:

---

[11] Para todo esto, puede verse E. SCHILLEBEECKX, *Cristo y los cristianos. Gracia y liberación*, Cristiandad, Madrid, 1982, 21-71. El mismo autor resume bien su pensamiento en su pequeña obra *Menschliche Erfahrung und Glaube an Jesus Christus. Eine Rechenschaft*, Herder, Freiburg in Breisgan 1979.

"Lo que existía desde el principio, lo que hemos oído, lo que han visto nuestros ojos, lo que contemplamos y palparon nuestras manos acerca de la Palabra, que es la vida –porque la vida se ha manifestado, la hemos visto, damos testimonio y os anunciamos la vida definitiva, la que se dirigía al Padre y se ha manifestado a nosotros–, eso que hemos visto y oído os lo anunciamos también a vosotros para que también vosotros lo compartáis con nosotros; y nuestro compartir lo es con el Padre y con su Hijo, Jesús el Mesías. Os escribimos esto para que nuestra alegría llegue a su colmo." (1 Jn 1,1-4) [12]

Para nosotros, la experiencia de estos creyentes del Antiguo y del Nuevo Testamento llega bajo forma de mensaje transmitido en un texto bíblico, que ha de ser ahora reactualizado y convertido en experiencia de fe dentro de la comunidad actual de creyentes, animada por el mismo Espíritu de Jesucristo.

---

[12] Ver también Jn 20,30: "Ciertamente, Jesús realizó todavía, en presencia de sus discípulos, otras muchas señales que no están escritas en este libro; estas quedan escritas para que creáis que Jesús es el Mesías, el Hijo de Dios y, creyendo, tengáis vida unidos a él".

2. Del texto escrito de la Biblia a la experiencia de la Palabra de Dios

La Palabra de Dios, desplegada en el Antiguo Testamento y concentrada en Jesucristo, nos alcanza a nosotros a través del texto bíblico. Lo que para nuestros antepasados creyentes era una experiencia viva de la acción salvadora de Dios, para nosotros hoy es un texto escrito. Por eso, es necesario ahora que ese texto se convierta en punto de partida de una experiencia de salvación. Solo haciendo nuestra propia experiencia nos apropiamos también nosotros de la historia de salvación vivida en el Antiguo Testamento y culminada en Jesucristo.

Lo primero, sin duda, es tomar contacto directo con el texto escrito de la Biblia. Ahí nos encontramos con un lenguaje que no es el nuestro, con un mundo histórico y cultural muy alejado de nuestro contexto actual. Nuestro primer esfuerzo ha de ser desentrañar ese texto para entender correctamente lo que esos autores quieren transmitir.

Pero es necesario algo más para captar la experiencia de fe vivida en el pasado y hacerla nuestra. El texto bíblico no entrega todo lo que encierra, hasta que los creyentes de hoy no captamos su "contenido espiritual", es decir, la acción salvadora del Espíritu de Dios que actúa a lo largo de la historia de salvación y que se nos ofrece ahora a cada uno de nosotros dentro del nuevo Pueblo de Dios.

No basta leer las Sagradas Escrituras y quedar informado. No es suficiente analizar el texto bíblico y reflexionar sobre la verdad o falsedad de su contenido. Es necesario reavivar hoy en primera persona la experiencia vivida en otros tiempos por el pueblo elegido y los discípulos de Jesús. Abrirnos hoy a la acción salvadora de Dios. No se trata de leer un libro religioso, sino de vivir un acontecimiento salvador, una "experiencia espiritual" que nos introduce en la dinámica de la historia de salvación. [13]

Es entonces cuando también a nosotros se nos puede decir: "Hoy se ha cumplido esta Escritura que acabáis de oír" (Lc 4,21). También nosotros podemos contemplar y oír la Palabra de vida, como el autor de la Primera Carta de Juan. También nosotros podemos compartir la expe-

---

[13] C. Rocchetta, *Parola scritta e Parola vissuta*, en B. Secondin, T. Zecca, B. Calati, o. c., 179-198.

riencia de los apóstoles y escuchar el evangelio de Jesús en la medida en que, al leer el texto, acogemos sus palabras que "son espíritu y vida" (Jn 6,63), y esas palabras "permanecen en nosotros" (Jn 15,7).

3

El encuentro con la Palabra de Dios en la Biblia

La primera conclusión de todo lo que venimos diciendo es clara: los creyentes se han de acercar a la Biblia, no para leer un libro, sino para encontrarse con Dios. No se trata de leer un texto, analizarlo y descubrir su sentido, sino de escuchar a ese Dios que nos habla desde esa Palabra escrita. Solo cuando un creyente escucha a Dios se puede propiamente decir que acontece allí la Palabra de Dios.

No hemos de olvidar que la Biblia es un libro –el libro de la Palabra de Dios, ciertamente, pero siempre un libro– y, en cuanto tal, letra muerta mientras no hay un creyente que, bajo la acción del Espíritu, acoge con fe esa Palabra en su corazón. Solo entonces aquel texto que está siendo leído alcanza toda su autenticidad como Palabra de Dios.

1. La Palabra viva de Dios

Por eso, el Concilio Vaticano II no se ha contentado con afirmar que "las Sagradas Escrituras contienen la Palabra de Dios y, por ser inspiradas, son en verdad Palabra de Dios" (*DV* 24), sino que ha insistido en que, al leerse o proclamarse, Dios mismo se hace presente y habla: "En los sagrados textos, el Padre que está en los cielos se dirige con amor a sus hijos y habla con ellos" (*DV* 21).

Lo mismo se dice de Cristo en la constitución sobre la liturgia: "Está presente en su palabra, pues cuando se lee en la Iglesia la Sagrada Escritura, es él quien habla"[14]. Se recoge así una antigua tradición que, según una frase atribuida a san Agustín, dice así: "La boca de Cristo es el evangelio. Él está sentado en el cielo, pero no cesa de hablar en la tierra"[15].

Lo verdaderamente decisivo para la experiencia cristiana es esta *locutio Dei* o *locutio Christi*. En la Biblia, Dios está hablando de forma viva y

---

[14] Constitución *Sacrosanctum Concilium*, sobre la sagrada liturgia, (*SC*) 7. Ver también *SC* 33: "En la liturgia Dios habla a su pueblo; Cristo sigue anunciando el Evangelio".

[15] S. AGUSTÍN, *Sermo 85,* 1 (PL 38, 520).

permanente. Jesús que habló "in illo tempore", sigue hablando "hic et nunc" (aquí y ahora). Sus palabras no han perdido fuerza por haber pasado de palabra hablada a palabra escrita. Por la acción del Espíritu, el texto escrito se convierte en Palabra viva, que alcanza a todo hombre o mujer allí donde esté; "cargada de energía" (Heb 4,12) y llena del Espíritu palpitante de Dios, es capaz de penetrar hasta el fondo de los corazones y formar en nosotros al "hombre nuevo" según Cristo.

Este acontecimiento salvador de Dios, hablando desde el texto bíblico, se hace más patente en la "celebración de la Palabra de Dios". Los cristianos "celebramos" la Palabra de Dios. Esta celebración no es un acto didáctico, una explicación catequética o un análisis teológico. La celebración arranca la Palabra de Dios del ámbito de los exégetas, investigadores y eruditos, y la propone a la comunidad creyente como misterio de fe ("mysterium fidei"). En ella, por una parte, se alaba y se da gracias a Dios porque se revela a los hombres, por otra, se acoge la gracia salvadora de su Palabra.[16]

---

[16] A. M. Triacca, "La «celebrazione» della Parola di Dios: «Christi locutio, vita fidelium»", en B. Secondin, T. Zecca, B. Calati, o. c., 152-165.

2. Bajo la acción del Espíritu Santo

El encuentro con Dios en la lectura de la Biblia no se produce de forma mecánica o mágica. Tampoco es posible en un clima de pasividad y desafección o desde una actitud superficial. Solo cuando la acción del Espíritu Santo guía la lectura del creyente, esta puede suscitar el encuentro con Dios y convertirse en fuente de vida cristiana y de crecimiento espiritual. Por eso, el Vaticano II afirma que "la Sagrada Escritura hay que leerla e interpretarla con el mismo Espíritu con que se escribió" (*DV* 12).

Es conveniente que subrayemos esto con fuerza. Cuando se habla de la "inspiración" de la Sagrada Escritura, se piensa, a veces, solo en la acción del Espíritu Santo durante el proceso de redacción de estos libros, pero no en el momento de su lectura y comprensión. Sin embargo, la acción del Espíritu dirige y anima la revelación de Dios a lo largo de toda la historia de salvación. Por eso, la "inspiración" de la Biblia ha de entenderse como un hecho que se dio en el pasado, en el momento de la composición de los libros sagrados, pero que perdura también ahora y da a la Biblia toda su eficacia espiritual. [17]

El texto fue inspirado y sigue inspirado por la acción del Espíritu que continúa también hoy la revelación de Dios, haciéndola llegar a los hombres y mujeres de nuestros días. Así ha de entenderse la afirmación paulina: "Toda Escritura es inspirada por Dios (*theópneystos*) y útil para enseñar, reprender, corregir y educar en la justicia" (2 Tim 3,16).

La tradición afirma de formas diversas que el Espíritu Santo habita las Sagradas Escrituras, y es esta presencia la que vivifica las páginas de la Biblia y hace que el texto no se convierta en letra muerta: "La Escritura está llena del Espíritu Santo" (Orígenes); "el aliento del Espíritu continúa animando la Escritura" (S. Anselmo), "las Escrituras son palabra del Verbo de Dios y de su Espíritu" (S. Ireneo). [18]

Precisamente por esto, las Escrituras han de ser leídas "espiritualmente", es decir, a la luz y

---

[17] U. Vanni, "El misterio della Parola scritta", en B. Secondin, T. Zecca, B. Calati, o. c., 73-83.

[18] Ver H. de Lubac, *Exégese médiévale* I/1, Aubier, París 1959, 128; M. Masini, *La lectio divina. Teologia, spiritualitá, método*, San Pablo, Milán 1996, 194-197.

bajo la guía del Espíritu. Quien quiera oír la voz de Dios en la Biblia, ha de abrirse a la acción del Espíritu Santo. Lo afirma Orígenes de manera rotunda: "Quien lee la Escritura, ha de estar lleno del Espíritu Santo, porque solo así la podrá comprender". El Espíritu es "el maestro interior", "el exégeta de las Escrituras", el que da "oído interior" para escuchar lo que Dios comunica, el que recuerda a los creyentes todo lo expuesto por Jesús (Jn 14,26), el que los guía a la verdad completa (Jn 16,13), el que hace saborear la Palabra de Dios y acogerla en lo íntimo del corazón.

Es importante el estudio literario y el análisis de los exegetas para comprender el texto, pero, sin el Espíritu, no se capta la Palabra de Dios. Así han de entenderse estas palabras de san Gregorio Magno que recogen bien la enseñanza de los Padres:

"Nadie se empeñe en aprender de la boca del maestro, porque inútilmente se cansa la boca del que enseña, si falta el Maestro interior... Nadie puede escuchar la voz de Dios, si no es por el don del Espíritu".[19]

---

[19] M. Masini, o. c., 210.

3. Cristo, centro de las Sagradas Escrituras

Hay todavía algo que hemos de tomar en cuenta siempre que nos disponemos a leer la Biblia. Como recordaba el padre De Lubac, el cristianismo "no es la religión de la Biblia; es la religión de Cristo".[20]

Los cristianos leemos la Biblia desde la fe en Jesucristo. Él es la Palabra de Dios hecha carne, el hombre en el que Dios se nos ha comunicado. Por eso, Cristo es el centro y la plenitud de la Escritura, el punto focal desde el que hemos de leer la Biblia entera. Su palabra y su fuerza salvadora se despliegan a través de todos los libros del Nuevo Testamento; por otra parte, todo el Antiguo Testamento está ordenado a significar, anunciar y preparar su venida. Es él quien da sentido pleno a todas las Escrituras. Por eso dice el Vaticano II que la lectura asidua de la Biblia nos ha de llevar al "sublime conocimiento de Jesucristo" (Flp 3,8).[21]

Podemos decir que en Cristo se encuentra toda la Sagrada Escritura. Él es la culminación

---

[20] H. DE LUBAC, o. c., 197.
[21] *Dei Verbum* 25; *Presbyterorum ordinis* 6.

del Antiguo Testamento y el centro del Nuevo. Toda la Escritura se orienta hacia él y encuentra en él su verdad. Por eso, los Padres lo llaman "Verbum abbreviatum" (Palabra abreviada). En él se resumen y condensan todas las palabras de la Biblia. El contenido múltiple de la Sagrada Escritura viene a unificarse, iluminarse y cumplirse en él.[22]

Todas las palabras de Dios están contenidas en esta Palabra encarnada que es Cristo. Como dice san Juan de la Cruz:

> "en darnos como nos dio a su Hijo, que es una Palabra suya que no tiene otra, todo nos lo habló junto y de una vez en esta sola Palabra, y no tiene más que hablar."[23]

El lector cristiano ha de tener siempre en cuenta esta orientación cristocéntrica de la Biblia. Desde la Palabra de Dios "hecha libro" nos abrimos a la Palabra de Dios "hecha carne" en Cristo. Desde las palabras escritas en la Biblia

---

[22] Como dice un autor de la Edad Media (GARNIER DE ROCHEFORT) "Liber maximus Verbum incarnatum". Citado por M. MASINI, o. c., 216.

[23] S. JUAN DE LA CRUZ, *Subida al Monte Carmelo*, libro II, 22. *Obras Completas*, BAC, Madrid 1982, 201.

salimos al encuentro de Cristo, Palabra viva de Dios. Sin Cristo, la unidad de la Sagrada Escritura se deshace, y la Biblia se fragmenta en palabras dispersas que no encuentran en ninguna parte su plenitud de sentido.

4

Lectura orante de la Biblia (*lectio divina*)

Entre todos los métodos posibles para acercarse a una lectura creyente de la Biblia, me limitaré a exponer el método y el espíritu de la llamada *lectio divina* o lectura orante. Es un método muy apreciado en la tradición monástica, y cuya recuperación puede enriquecer grandemente hoy la vida espiritual de no pocos. Consiste fundamentalmente en una lectura meditada de la Biblia, orientada directamente a suscitar el encuentro con Dios a través de la oración y la contemplación. Jean Leclercq la describe como una lectura "atenta, meditada, orada, vivificante, interior".[24]

Aunque se trata de un único ejercicio espiritual, se pueden distinguir diferentes momentos: la lectura (*lectio*), la meditación (*meditatio*), la oración (*oratio*), la contemplación (*contemplatio*), el testimonio de vida (*operatio*).

---

[24] J. LECLERCQ, "La lecture divine", en *La Maison-Dieu 5* (1946), 21-33.

En la lectura el creyente trata de comprender el texto bíblico; en la meditación busca ahondar en la Palabra de Dios y acogerla en su corazón; en la oración responde a Dios dialogando con él; en la contemplación entra gozosamente en su misterio; en la acción su encuentro con Dios se convierte en vida transformada por la Palabra de Dios y animada por el Espíritu Santo. Se trata, por tanto, de un camino que recorre el creyente haciendo de la Palabra de Dios escrita el punto de partida y la experiencia de un encuentro transformador con Dios. La Biblia se convierte así en libro de oración.

La *lectio divina* se fundamenta en los presupuestos que he venido exponiendo más arriba: la Biblia es un libro vivo en el que Dios está presente y habla; la inspiración de la Sagrada Escritura es una realidad siempre en acto; por la acción fecunda del Espíritu, la lectura bíblica se convierte en un encuentro real con Dios; toda la Biblia converge en Cristo y, por eso, leer la Escritura es salir al encuentro de Jesucristo. [25]

---

[25] Para todo lo que sigue, puede verse M. MAGRASI, "Lectio divina", en E. ANCILLI, *Diccionario de Espiritualidad*, Herder, Barcelona 1983, t. I, 468-471; L. BOUYER, *Introduction a la vie*

Veamos los diversos momentos de este método de acercamiento a la Palabra de Dios.

1. La lectura

El Concilio Vaticano II nos advierte que en la Sagrada Escritura

> "Dios habló por medio de hombres y a la manera humana", y, por tanto, "para que el intérprete de la Sagrada Escritura comprenda lo que él quiso comunicarnos, debe investigar con atención qué pretendieron expresar realmente los escritores sagrados y qué quiso Dios manifestar con sus palabras" (*DV* 12).

Dicho de otra manera, no debemos buscar la Palabra de Dios al margen del sentido que los escritores bíblicos han dado al texto, dejando de lado lo que ellos quisieron comunicar. El verdadero "sentido espiritual" de la Biblia lo hemos de buscar, no marginando el "sentido

spirituelle, Desclée, Tournai 1960, 47-57; J. Leclercq, "La lecture divine", en *La Maison-Dieu 5* (1946), 21-33; G. Giurisato, *Lectio divina oggi*, Ed. Abadía de Praglia, Teolo 1996; M. Masini, *La lectio divina. Teologia, spiritualita, método*, San Pablo, Milan 1996, sobre todo 415-443.

literal" del texto, sino precisamente explicitando, profundizando y asimilando ese sentido literal. La Palabra de Dios no es una construcción subjetiva y arbitraria de cada lector, sino que ha de ser escuchada a partir del sentido que realmente tiene el texto bíblico.

Por eso, nuestra primera tarea ha de ser esforzarnos por descubrir su sentido original, evitando modelarlo a nuestro capricho. No nos está permitido hacerle decir a un texto cualquier cosa, tergiversando su sentido inicial y real. El significado básico de la Biblia es el que quisieron darle los creyentes que la escribieron. Y cualquier lectura espiritual que nosotros hagamos hoy ha de basarse en ese sentido original, sin contradecirlo o suplantarlo subjetivamente.

Por todo esto, el primer paso en la *lectio divina* es tratar de comprender el texto que se está leyendo, empleando para ello todas las ayudas que se tengan a mano: una buena traducción, las notas de la Biblia, algún comentario que recoja los resultados de la investigación exegética.

2. La meditación

La meditación supone un paso más. Para escuchar a Dios no basta la lectura científica del texto; es necesario acoger la Palabra de Dios meditándola en el fondo del corazón. Con el fin de entender bien este momento de la *lectio divina,* vamos a considerar tres aspectos:

Lo que ahora importa es **captar la Palabra de Dios** que se encierra en el texto.

- Para ello, se comienza por repetir despacio las palabras, grabándolas en la memoria y en el corazón. Se vuelve una y otra vez sobre ellas para asimilar su mensaje y hacerlo nuestro.

- Los Padres dicen que se trata de "masticar" el texto, "triturarlo", "rumiarlo" para gustar y saborear en el "paladar del corazón" la Palabra que Dios nos comunica. "La *lectio* lleva el alimento a la boca, la *meditatio* lo mastica" (Guijes II).

- Esta meditación es necesaria, pues, como advierte san Agustín, "al que traga… se le olvida lo que ha oído. Por el contrario, el que no se olvida, reflexiona y reflexionando rumia y rumiando goza".

■ Meditar es, pues, "estar en la Palabra", despacio y en silencio, en actitud de escucha, "persistir insaciablemente" en la Palabra ahondando su contenido espiritual.

Este "rumiar" el texto es un proceso de **interiorización de la Palabra de Dios**.

■ La mera lectura de la Biblia se queda todavía en "ejercicio exterior". En la meditación, por el contrario, se interioriza el texto.[26]

■ Según las enseñanzas de los Padres se trata de "hacer descender la Palabra de Dios de la cabeza al corazón". Dice san Cesáreo que la meditación es "una penetración íntima, bajo la acción de la gracia, de la maravillosa hondura de la Palabra de Dios". San Gregorio Magno, por su parte, enseña que la meditación sirve para "abrir camino al Señor con el fin de que entre en nuestro corazón y lo haga arder con la gracia de su amor".[27]

■ Por eso, la meditación exige silencio exterior e interior, fe en la presencia actual de

---

[26] Es conocida la fórmula de Guijes II: "Lectio est secundum exterius exercitium, meditatio secundum interiorem intellectum". Ver G. Giurisato, o. c., 29-30.

[27] Textos citados por M. Masini, o. c., 421.

Dios que me habla, apertura confiada a su gracia, actitud de obediencia interior.

Este proceso de interiorización lleva a la **aplicación de la Palabra de Dios** a la propia vida.[28]

■ La Palabra de Dios encarnada en la Sagrada Escritura se dirige aquí y ahora a cada uno de nosotros para encarnarse en nuestras vidas. La meditación crea un espacio interior para que la Palabra de Dios resuene en nuestro corazón y se convierta en fuente de vida y de crecimiento espiritual.

■ Esta aplicación de la Palabra de Dios a la propia vida trae consigo un mayor discernimiento de la voluntad de Dios, despierta el arrepentimiento, es una llamada a la conversión al Dios vivo. El que medita la Palabra de Dios se va dejando transformar por ella.

---

[28] Es conocida la regla del viejo exégeta J. A. BENGEL, que define bien los dos momentos de la *lectio* y la *meditatio*: "Te totum applica ad textum; rem totam applica ad te". Ver G. GIURISATO, o. c., 30.

3. La oración

La lectura y la meditación son momentos en los que el creyente está a la escucha de Dios que habla. La oración es ahora la respuesta que se despierta en él ante la Palabra de Dios. Así dice el Vaticano II:

> "No olviden que la oración debe acompañar a la lectura de la Sagrada Escritura para que se entable diálogo entre Dios y el hombre; porque «a él hablamos cuando oramos, y a él oímos cuando leemos las palabras divinas»." (*DV* 25)

Este es el verdadero lugar de la oración en el proceso de la lectura bíblica. Cuando leemos las Escrituras, escuchamos a Dios; cuando oramos, le respondemos.

San Jerónimo entiende "lectura" y "oración" como dos aspectos fundamentales del diálogo místico:

> "En la *lectio* es el Esposo el que habla al alma; en la *oratio* es el alma la que habla al Esposo." [29]

La oración es pues absolutamente necesaria para que se dé el diálogo entre el creyente y

---

[29] Citado por M. Masini, o. c., 125.

Dios. La Palabra de Dios está pidiendo siempre una respuesta. Si esta no se da y el creyente no sabe unir lectura y oración, a la lectura de la Biblia le faltará algo esencial.

Todo esto significa que la Biblia puede y debe convertirse en fuente permanente de oración. Quien desee alimentar su oración, no necesita desarrollar su imaginación ni inventar grandes discursos para dirigirse a Dios. Basta que escuche su Palabra y se deje interpelar por ella. Es la iniciativa del mismo Dios la que suscitará su oración. Esta es la recomendación de san Ambrosio:

> "Quien quiera estar siempre con Dios, debe orar con frecuencia y debe también leer con frecuencia. Pues, de hecho, cuando oramos, somos nosotros los que hablamos con Dios; cuando leemos, es Dios el que habla con nosotros." [30]

La escucha de la Palabra de Dios puede provocar gran variedad de respuestas. Todo depende del contenido de esa Palabra y de la situación existencial desde la que el hombre responde. Sin embargo, podemos hablar de tres

---

[30] Citado por M. Mansini, o. c., 124.

actitudes fundamentales en la respuesta orante a la Palabra de Dios.[31]

En la lectura de la Biblia, la Palabra de Dios se nos puede presentar como **verdad** que ilumina nuestra existencia ofreciéndonos una luz nueva acerca de Dios, del hombre, del mundo, de la vida, del sufrimiento… Entonces se nos pide una respuesta fundamental de **fe**. Nuestra oración será invocación, petición de fe, apertura humilde a la luz que nos llega del Señor.

Otras veces, la Palabra de Dios se nos ofrece como **promesa** que abre nuestra existencia hacia una salvación definitiva. Dios nos "promete" la salvación y "se compromete" a llevarla a cabo. La Palabra nos revela la bondad de Dios nuestro Salvador, que nos promete su perdón, su gracia, su vida. Entonces nuestra respuesta ha de estar transida de **esperanza**. Nuestra oración será un acto de confianza y abandono, una respuesta de adoración, alabanza y agradecimiento a Dios.

---

[31] Para lo que sigue, puede verse J. A. PAGOLA, *Iniciación a la lectura del Nuevo Testamento*, Fundación Santa María, Madrid 1989, 25-26.

La Palabra de Dios se nos puede ofrecer también como **ley de vida**, que interpela nuestra actuación y nos invita a seguir un determinado camino en nuestras decisiones y comportamientos. Entonces se nos pide una respuesta de "obediencia", que se resume en seguir la **ley del amor**, revelada en Jesucristo. Nuestra oración será adhesión a la voluntad de Dios, compromiso de fidelidad, apertura al amor.

4. La contemplación

Todavía se puede hablar de otro momento que suele ser designado como contemplación. Los autores describen este momento como oración de quietud y de silencio, oración de fe pura o de simple mirada, descanso en Dios...

San Isidoro define la contemplación como "la alegría de vivir solo para Dios", y un texto del siglo XIII, desarrollando la misma idea, dice:

"Tu contemplación es verdadera cuando conoces y comprendes, quieres y deseas, gustas y saboreas solo a Dios." [32]

---

[32] Ambos textos son citados por M. Masini, o. c., 431.

En la lectura bíblica se llega a la contemplación cuando ya toda calla, se hace silencio total, solo se escucha la suavidad de Dios y su presencia, el corazón arde de amor y descansa en el Señor.

Esta contemplación no proviene de ninguna especulación filosófica, no es fruto de una introspección psicológica. Su fuente es bíblica. Es contemplar, amar, saborear a Dios revelado en la historia de salvación y encarnado en Jesucristo.

El Vaticano II, al hablar de la Biblia y la Tradición, dice que

> "son como un espejo en el que la Iglesia peregrina en la tierra contempla a Dios, de quien todo lo recibe, hasta que le sea concedido el verlo cara a cara, tal cual es [cf. 1 Jn 3,2]." (DV 7)

Por otra parte, al exhortar a los presbíteros a "leer y escuchar diariamente la Palabra de Dios que deben enseñar a otros", les recuerda que así

> "podrán comunicar mejor lo que ellos han contemplado y saborearán más a fondo las insondables riquezas de Cristo [Ef 3,8] y la multiforme sabiduría de Dios." (PO 13)

5. La acción

Al considerar los tiempos de la *lectio divina,* la tradición monástica se detiene en la contemplación, sin hacer ninguna alusión al testimonio de vida o la acción. Sin embargo, son muchos los autores que recuerdan que la verdadera lectura de la Biblia termina en la vida concreta del creyente y que el verdadero criterio hermenéutico es la conversión. Escuchamos a Dios cuando nos convertimos.

Por eso, Hugo de san Víctor presenta la praxis cristiana como conclusión de la meditación:

"Es inútil haber aprendido si no se pone en práctica lo que se ha aprendido."

Por su parte, san Gregorio Magno enseña que

"debemos asimilar lo que leemos a fin de que... la vida llegue a traducir en obras la Palabra que se ha escuchado." [33]

Los Padres insisten de múltiples formas en la importancia que tiene para la vida cristiana

---

[33] Citado por M. MASINI, o. c., 440.

el paso de la "Palabra escrita" a la "Palabra vivi-da".[34] Es necesario que la Palabra de Dios desciende de nuestra cabeza al corazón y del corazón a la vida concreta de cada día. Es en esta vida concreta donde se puede verificar que el creyente ha escuchado a Dios, según el hermoso aforismo de san Nilo:

"Yo interpreto la Escritura con mi vida."[35]

[34] C. ROCCHETTA, "Parola scritta e Parola vissuta", en B. SECONDIN, T. ZECCA, B. CALATI, o. c., 179-198.
[35] Citado por M. MASINI, o. c., 442.

5

Observaciones de orden práctico

Cada uno ha de recorrer su propio camino para encontrarse con Dios. Pero siempre es bueno recordar algunos aspectos de orden práctico para iniciarse en la escucha de la Palabra de Dios a través de la lectura bíblica.[36]

1. Sugerencias de carácter general

Al ser una práctica de meditación, la lectura de la Biblia requiere un lugar silencioso que favorezca el recogimiento, la reflexión y la oración. A ser posible, ha de hacerse a una hora propicia, de calma y sosiego. Las horas del atardecer o del inicio de la noche pueden ser un momento adecuado.

---

[36] Puede verse J. A. PAGOLA, o. c., sobre todo 35-43; M. MASINI, o. c., sobre todo 444-463; G. MARTIN, *Para leer la Biblia como Palabra de Dios*, Verbo Divino, Estella 1983.

La duración de la *lectio divina* ha de ser lo suficiente como para recorrer los diversos momentos. La experiencia enseña que no puede ser practicada con sosiego en menos de una hora, y que puede producir cansancio si se sobrepasan las dos horas.

Antes de comenzar a leer un texto, es imprescindible crear un clima de silencio interior que nos permita distanciarnos de las impresiones y preocupaciones del día, y tomar conciencia de lo que vamos a hacer. No se trata de leer algo, sino de escuchar a Dios que nos va a hablar. Esta disposición interior lo puede cambiar todo. Hemos de recordar la advertencia de san Bernardo:

> "El tiempo que nosotros damos a Dios se convierte en el tiempo que Dios nos reserva a nosotros y en el cual el Espíritu habla a nuestro espíritu." [37]

2. La primera lectura

Es conveniente **leer un trozo breve que tenga sentido completo** (por ejemplo, una parábola,

---

[37] Citado por M. MASINI, o. c., 447.

una exhortación de san Pablo, el relato de un milagro). Se puede comenzar leyendo durante la semana el evangelio o alguna de las lecturas que se proclamarán en la celebración eucarística del domingo. De esta forma se va leyendo a lo largo del año la selección que ha hecho la misma Iglesia para asegurar el acercamiento de los fieles al contenido más significativo de la Escritura. Se pueden tomar también las lecturas breves de la Liturgia de las Horas, espléndidas por su variedad, claridad y fuerza. [38]

Hemos de **leer el texto muy despacio**, mucho más de lo habitual, para captar bien lo que dicen las palabras, y asimilar interiormente lo que el texto quiere comunicar. Hay personas a las que leer en voz alta les ayuda a centrar más su atención en el texto y comprender mejor su significado. Ante pasajes oscuros o difíciles de interpretar, lo mejor, al menos al comienzo, es pasarlos por alto, para detenernos en aquello que nos resulta más claro y comprensible. Cuando avancemos en la lectura de la Biblia,

---

[38] Sobre los riesgos de "abrir la Escritura al azar", se puede ver S. Babolin, "Abrir la Escritura", *Communio* III (1986), 235-240.

posiblemente comprenderemos mejor lo que ahora se nos escapa.

Al leer un determinado texto, lo primero que hemos de hacer es **situarlo correctamente**. En concreto, es conveniente conocer cuál es el libro que vamos a leer, en qué ambiente fue redactado, quién es su autor, con qué intención fue escrito. Para ello, podemos leer las breves pero sustanciosas introducciones que suelen traer las Biblias antes de cada libro, o bien recurrir a algunas obras que nos puedan orientar.[39]

Conviene también saber **qué capítulo vamos a leer y qué lugar ocupa** dentro de la estructura del libro (al comienzo o al final de la obra, en un lugar esencial o secundario...). Si la versión de la Biblia que utilizamos es de calidad, puede ser útil reparar en los títulos que suelen encabezar los diferentes pasajes, pues pueden ofrecer una primera orientación sobre su contenido.

---

[39] Prescindiendo de los numerosos comentarios especializados que existen para cada libro, quiero recordar, por su utilidad para los no iniciados, los tres estudios de E. Charpentier, *Para leer la Biblia; Para leer el Antiguo Testamento; Para leer el Nuevo Testamento*, Verbo Divino. La colección *Cuadernos bíblicos*, Verbo Divino; la colección *Conoce la Biblia*, Sal Terrae; y la revista *Reseña bíblica*, Asociación bíblica española, Verbo Divino.

Una manera de comenzar una **lectura cuidadosa** es leer detenidamente el pasaje o trozo escogido, de principio a fin, para captar su sentido general. Hecho esto, volvemos a leer el texto empleando todas las ayudas que tengamos a nuestra disposición. Así, es conveniente leer **las notas** que la Biblia ofrece a pie de página y que pueden ser muy útiles para aclarar pasajes oscuros, comprender mejor algunos términos y esclarecer el sentido de las frases. Podemos encontrarnos también con términos o palabras importantes que requieren una atención más profunda (por ejemplo, "Reino de Dios", "justificación", "Hijo del hombre"...). Puede ser el momento de recurrir a un diccionario o vocabulario bíblico que nos ayudará a entender en adelante aquella palabra con más hondura y precisión.[40]

---

[40] Sin pretender una relación exhaustiva, indico: X. Léon-Dufour, *Vocabulario de teología bíblica,* Herder, Barcelona 1965; J. J. Von Allmen, *Vocabulario bíblico,* Marova, Madrid 1968; J. Dheilly, *Diccionario bíblico,* Herder, Barcelona 1970; H. Haag, A. van den Born, S. de Ausejo, *Diccionario de la Biblia,* Herder, Barcelona 1966; J. B. Bauer, *Diccionario de teología bíblica,* Herder, Barcelona 1967; L. Coenen, E. Beyreuther, H. Bieten Hard, *Diccionario teológico del Nuevo Testamento,* Sígueme, Salamanca 1980. Naturalmente, lo ideal es contar con un buen

En esta primera lectura, nuestro esfuerzo por ahondar en el texto bíblico ha de estar dirigido por este tipo de preguntas: ¿Qué es lo que el escritor quiere decirnos? ¿A qué le da más importancia? ¿Por qué ha destacado con tanta fuerza este detalle o estas palabras? ¿Por qué repite una y otra vez este término?

3. La meditación de la Palabra de Dios

Si el creyente hace todo este esfuerzo previo por comprender el texto, es únicamente para escuchar con mayor fidelidad la Palabra de Dios. Por eso, tiene importancia decisiva este segundo momento dedicado a meditar la Palabra que Dios dirige a cada uno personalmente.

Los caminos pueden ser diversos, pero siempre hemos de escuchar a Dios desde nuestra vida concreta y para nuestra vida concreta (problemas, pecado personal, compromisos, proyectos...). En cualquier caso, para escuchar la

---

comentario en el que podremos encontrar el estudio más detallado de un especialista.

Palabra de Dios, nos podemos hacer este tipo de preguntas:

- Puesto que la Palabra de Dios se me presenta como **Verdad** que me ofrece una luz nueva, me puedo preguntar: ¿Qué verdad me descubre Dios en esta Palabra que estoy escuchando? ¿Qué me enseña? ¿Qué aspecto de mi vida queda iluminado de manera nueva? ¿Cómo he de entender en adelante mi vivir diario? Escuchando y meditando la Verdad de Dios se va configurando mi **personalidad cristiana**.

- La Palabra de Dios se me presenta también como **Ley de vida**, que me indica cómo he de actuar. Entonces puedo preguntarme: ¿A qué me llama Dios? ¿A qué me invita? ¿Cómo me urge su Palabra? ¿A qué me compromete en concreto? Escuchando y meditando así la Ley del Señor, va creciendo mi **responsabilidad cristiana**.

- La Palabra de Dios se me ofrece, otras veces, como **Promesa de vida**. Dios me promete su gracia, su amor infinito, su perdón, su salvación. Me puedo preguntar: ¿Tengo mi esperanza puesta en Dios? ¿Por qué no confío más en su bondad? ¿Por qué no me apoyo en su amor insondable? Si Dios es así conmigo, ¿qué puedo temer? Escuchando y meditando las promesas de Dios se va fortaleciendo mi **esperanza cristiana**.

4. La respuesta de la oración

La oración, por su misma naturaleza, es algo muy personal que ha de vivir cada uno siguiendo la acción del Espíritu y buscando el diálogo y la comunión con Dios.

Lo que sí hemos de decir es que esta oración de respuesta a la Palabra de Dios ha de estar impregnada de amor agradecido. "Dios está aquí, ahora, hablando conmigo. Es mi Amigo. me ama". Nosotros no sabemos hablar con Dios como conviene, pero "el Espíritu viene en ayuda de nuestra debilidad" e "intercede por nosotros con gemidos sin palabras" (Rom 8,26). El mejor diálogo es el que establece el amor.

Si el texto bíblico que estamos leyendo sugiere alguna invocación es bueno repetirla una y otra vez desde el fondo del corazón: "Señor, que vea" (Mc 10,51). "Dios mío, ten compasión de mí, que soy pecador" (Lc 18,13); "Señor, sálvame" (Mt 14,30).

El famoso escrito anónimo inglés del siglo XIV, *La nube del no-saber*, sugiere este método sencillo:

> "Si quieres centrar todo tu deseo en una simple palabra que tu mente pueda retener fácilmente, elige una palabra breve mejor que una larga. Palabras tan sencillas como «Dios» o «Amor» resultan adecuadas. Pero has de elegir una que tenga significado para ti. Fíjala luego en tu mente, de manera que permanezca allí, suceda lo que suceda. Esta palabra será tu defensa tanto en la guerra como en la paz." [41]

5. La contemplación

La contemplación puede ser un momento en la escucha de la Palabra, pero es, sobre todo, la actitud mejor de vivir todo el proceso de acercamiento a la Palabra de Dios (lectura, meditación, oración).

---

[41] Anónimo inglés del siglo XIV, *La nube del no-saber*, Paulinas, Madrid 1981, 80-81.

La lectura puede hacerse buscando solo ciencia y conocimiento preciso del significado del texto. Pero puede estar ya orientada, desde el comienzo, a conocer, saborear y gustar el amor de Dios. Por otra parte, la meditación es el mejor camino para abrirse a la contemplación.

> "La meditación busca la verdad, la encuentra, la ve, se detiene largamente en ella para admirarla. De esta manera, abre el camino a la contemplación, la cual permanece en la admiración y el disfrute de la verdad." [42]

Así mismo, la oración puede terminar en contemplación amorosa. Así lo afirma un texto cisterciense del siglo XII:

> "Leyendo oro, orando contemplo". [43]

Lo que sí hemos de afirmar es que la contemplación no es algo reservado a espíritus selectos. Todos los creyentes están llamados a la contemplación del amor de Dios, pues Él se revela, no a sabios y entendidos, sino a gente sencilla (Mt 11,25), ya que, en definitiva, contemplar a Dios no es conocerlo de forma especulativa, sino

---

[42] RICARDO DE SAN VÍCTOR, citado por M. MASINI, o. c., 460.
[43] Citado por M. MASINI, o. c., 459.

saborear en silencio gozoso y agradecido su amor insondable.

6. El compromiso de vida cristiana

Esta contemplación está en estrecha relación con la acción y constituye su principio inspirador y vivificador. El compromiso de vida cristiana no es sino el fruto de la contemplación.

La Palabra de Dios está en el corazón del creyente (*cf.* Rom 10,8). La savia del Espíritu corre por su persona. Su vida entera puede convertirse ahora en "sal de la tierra" y "luz del mundo". Se puede cumplir entonces el deseo de Jesús:

> "Brille vuestra luz delante de los hombres, para que vean vuestras buenas obras y glorifiquen a vuestro Padre que está en los cielos." (Mt 5,16)

Índice